MÉTHODE DE LECTURE AVEC OU SANS ÉPELLATION

(**4e** ***Édition***) **Par A. GRESSE, ancien instituteur** (**1er** ***Tableau***)

Voyelles ou Sons

(Voir l'*Instruction* en tête du *Manuel de l'Élève*)

a o u i y

e é è ê

Exercice

a e o é u è i ê y

e o é u è i ê y e

o é u è i ê y e a

é u è i ê y e a é

u è i ê y e a é o

è i ê y e a é o è

i ê y e a é o è u

ê y e a é o è u ê

y e a é o è u ê i

Paris. — Chez l'Auteur, 2, rue Tronchet.

Imprimerie de Ad. Lainé et J. Havard, rue des Saints-Pères, 19.

MÉTHODE DE LECTURE AVEC OU SANS ÉPELLATION

(4e *Édition*) **Par A. GRESSE, ancien instituteur** (2me *Tableau*)

RÉSUMÉ DU 1er TABLEAU

a e o é u è i ê y

Consonnes ou Articulations

Voir l'*Instruction* en tête du *Manuel de l'Élève*)

b c d f g h j k l

Exercice

b	d	c	f	h	k	l	j	g
k	j	l	h	g	d	f	c	b
d	g	h	l	j	k	b	f	c
k	h	j	b	c	d	f	g	l

Suite des Consonnes ou Articulations

(Voir l'*Instruction* en tête du *Manuel de l'Élève*)

m n p r s t v x z

Exercice

m	t	n	v	p	x	r	z	s
v	n	t	p	x	r	z	s	m
n	v	p	x	r	z	s	m	t
r	m	x	s	t	n	p	v	z

Paris. — Chez l'Auteur, 2, rue Tronchet. Imprimerie de Ad. Lainé et J. Havard, rue des Saints-Pères, 19.

MÉTHODE DE LECTURE AVEC OU SANS ÉPELLATION

(4e *Édition*) **Par A. GRESSE, ancien instituteur** (4me *Tableau*)

ALPHABET DES MAJUSCULES

A B C D E F G H I J K L M N O P Q R S T U V X Y Z

a b c d e f g h i j k l m n o p q r s t u v x y z

Mots à lire.

à ne	**a va re**	**aménité**
bê te	**bo bi ne**	**bénévole**
ça fé	**ca ba ne**	**carabine**
da me	**do ru re**	**divinité**
é pi	**é co le**	**émérite**
fê te	**fi gu re**	**filature**
gâ té	**ga lè re**	**galopade**
hô te	**ha bi le**	**habitude**
î le	**i do le**	**inanimé**
ju pe	**ju ju be**	**jacobine**
ké pi	**lé gu me**	**caravane**
lu ne	**mo dè le**	**latitude**
mè re	**na vi re**	**moralité**
no te	**o va le**	**négative**
pè re	**pa ru re**	**ovipare**
ra ve	**ra pi de**	**pédicure**
si lo	**sû re té**	**rapidité**
tê te	**tu li pe**	**sérénade**
vê tu	**u ni té**	**timidité**
zé ro	**vi pè re**	**unanime**
a mi	**a mè re**	**véhicule**
bo bo	**sa la de**	**zibeline**
ca ve	**ca na ri**	**tabatière**
du re	**se ri ne**	**libérale**
mi di	**do mi no**	**pyramide**
pâ té	**vé ri té**	**capitale**
ro be	**ca ra fe**	**parabole**

Phrases à lire.

Cora se lave la figure.
Sabine finira sa robe.
Jérôme se lève à midi.
Ovide polira une lame.
Zoé a vu la pyramide.
Papa a bâti la cabane.
Valère a tenu sa parole.
Sara a bu du café moka.
Zoé a lu une parabole.
Sabine dévida la pelote.
Zizi a tué le canari.
Zémire a une tulipe.
Caroline va à la cave.
Zoé a copié le modèle.
Valère a vu le navire.
Sabine ira à l'école.
Papa fumera sa pipe.
Zémire a vu une dame.
Sara habite la capitale.
Zoé a vu le képi de papa.
Jérôme me fera lire.
Caroline lave sa jupe.
Ovide a lu le volume.
Je lave la tête de bébé.
Sabine a vu la comète.
Polydore dira la vérité.
Simonide a sa parure.

Paris. — Chez l'Auteur, 2, rue Tronchet. Imprimerie de Ad. Lainé et J. Havard, rue des Saints-Pères, 19.

MÉTHODE DE LECTURE AVEC OU SANS ÉPELLATION

(4e *Édition*) **Par A. GRESSE, ancien instituteur** (3me *Tableau*)

ALPHABET USUEL

a b c d e f g h i j k l m n o p q r s t u v x y z

Syllabes formées d'une consonne suivie d'une voyelle

(Voir l'*Instruction* en tête du *Manuel de l'Élève*)

ba	**be**	**bo**	**bé**	**bu**	**bè**	**bi**	**bê**	**by**
co	**ca**	**cu**	**co**	**ca**	**cu**	**co**	**ca**	**cu**
de	**do**	**dé**	**du**	**dè**	**di**	**dê**	**dy**	**da**
fo	**fé**	**fu**	**fè**	**fi**	**fê**	**fy**	**fa**	**fe**
ga	**gu**	**go**	**ga**	**gu**	**go**	**ga**	**go**	**gu**
hé	**hu**	**hè**	**hi**	**hê**	**hy**	**ha**	**he**	**ho**
ju	**jè**	**ji**	**jê**	**jy**	**ja**	**je**	**jo**	**jé**
kè	**ki**	**kê**	**ky**	**ka**	**ke**	**ko**	**ké**	**ku**
li	**lê**	**ly**	**la**	**le**	**lo**	**lé**	**lu**	**lè**
mê	**my**	**ma**	**me**	**mo**	**mé**	**mu**	**mè**	**mi**
ny	**na**	**ne**	**no**	**né**	**nu**	**nè**	**ni**	**nê**
pa	**pe**	**po**	**pé**	**pu**	**pè**	**pi**	**pê**	**py**
re	**ro**	**ré**	**ru**	**rè**	**ri**	**rê**	**ry**	**ra**
so	**sé**	**su**	**sè**	**si**	**sê**	**sy**	**sa**	**se**
té	**tu**	**tè**	**ti**	**tê**	**ty**	**ta**	**te**	**to**
vu	**vè**	**vi**	**vê**	**vy**	**va**	**ve**	**vo**	**vé**
xè	**xi**	**xê**	**xy**	**xa**	**xe**	**xo**	**xé**	**xu**
zi	**zê**	**zy**	**za**	**ze**	**zo**	**zé**	**zu**	**zè**

Paris. — Chez l'Auteur, 2, rue Tronchet. Imprimerie de Ad. Lainé et J. Havard, rue des Saints-Pères, 19.

MÉTHODE DE LECTURE AVEC OU SANS ÉPELLATION

(4e *Édition*) **Par A. GRESSE, ancien instituteur** (5me *Tableau*)

Voyelles composées

(Voir l'*Instruction* en tête du *Manuel de l'Élève*)

o	**au**	**eau**
e	**eu**	**œu**
è	**ai**	**ei**
	ou	**oi**

Exercice

eau	**eu**	**œu**	**au**	**ai**	**ou**	**oi**	**ei**
œu	**oi**	**ou**	**ai**	**au**	**ei**	**eu**	**eau**
au	**œu**	**eu**	**ei**	**ou**	**oi**	**eau**	**ai**
eau	**ou**	**oi**	**eu**	**ei**	**au**	**ai**	**œu**

Syllabes formées d'une consonne suivie d'une voyelle composée

(Voir l'*Instruction* en tête du *Manuel de l'Élève*)

bau	**cou**	**dai**	**feu**	**goi**	**hei**	**jou**	**lai**
moi	**neau**	**peu**	**roi**	**sou**	**teu**	**vœu**	**zeau**
bai	**cau**	**dou**	**fai**	**gau**	**hoi**	**jeu**	**lai**
meu	**nœu**	**pai**	**rei**	**soi**	**tau**	**veau**	**zou**
beau	**cai**	**doi**	**fou**	**gou**	**hau**	**jei**	**leu**
mau	**nou**	**peau**	**rai**	**sei**	**toi**	**vœu**	**xeu**
bou	**cœu**	**deu**	**foi**	**gai**	**hei**	**jau**	**leau**
mai	**neau**	**pou**	**rei**	**sœu**	**tou**	**veu**	**zeu**
bœu	**cou**	**deau**	**fau**	**gou**	**hai**	**joi**	**lei**
meau	**noi**	**pau**	**reu**	**sai**	**tei**	**vœu**	**zeau**

Paris. — Chez l'Auteur, 2, rue Tronchet. Imprimerie de Ad. Lainé et J. Havard, rue des Saints-Pères, 19.

MÉTHODE DE LECTURE AVEC OU SANS ÉPELLATION

(**4e** ***Édition***) **Par A. GRESSE, ancien instituteur** (**6me** ***Tableau***)

ALPHABET DES MAJUSCULES ET VOYELLES COMPOSÉES

A B C D E F G H I J K L M N O P Q R S T U V X Y Z

au œu ou ei oi ai eau eu eau ai oi ei ou œu au eu

Mots à lire.			*Phrases à lire.*
au be	**au ro re**	**aubépine**	**Laure a vu une baleine.**
bou le	**bu reau**	**mémoire**	**J'irai à la foire de Beaucaire.**
cou pe	**cou teau**	**capitaine**	**Hilaire coupera le rameau.**
dau be	**di zai ne**	**douzaine**	**Pauline aura toute la peine.**
é tau	**é meu te**	**émeraude**	**Voilà le bureau d'acajou.**
fou le	**ba lei ne**	**funéraire**	**Madeleine a douté de toi.**
gau le	**gâ teau**	**godiveau**	**J'ai coupé le beau rameau.**
heu re	**ha meau**	**honoraire**	**Émile aura le joli couteau.**
jeu ne	**jou jou**	**louveteau**	**Voilà une souçoupe neuve.**
lai ne	**li teau**	**monétaire**	**Ovide aura de la mémoire.**
moi ne	**mau ve**	**nouveauté**	**J'irai jeudi au séminaire.**
neu ve	**ni veau**	**populaire**	**Voilà le beau capitaine.**
pou le	**po teau**	**automate**	**J'aurai une gaule de saule.**
rei ne	**rou leau**	**séminaire**	**Ma voiture a suivi la route.**
sau le	**su reau**	**téméraire**	**Macaire aura du gâteau.**
tau pe	**tau reau**	**monitoire**	**Voilà le domaine de Laure.**
vei ne	**voi tu re**	**amirauté**	**Laure aime la nouveauté.**
ai re	**bou leau**	**luminaire**	**J'ai vu le hameau de René.**
boî te	**ha lei ne**	**lauréole**	**Je boirai de l'eau de Seine.**
cou de	**ri deau**	**militaire**	**Pauline a vu le beau gâteau.**
dou te	**ra meau**	**baleineau**	**Coupe-moi la toile neuve.**
fau te	**beau té**	**locataire**	**J'aurai vu l'étoile polaire.**
gaî ne	**a ca jou**	**numéraire**	**Laure a une robe de laine.**
hi bou	**ju meau**	**autorité**	**J'ai joué toute la semaine.**
jou te	**mai re**	**soucoupe**	**J'ai vu la reine de Bavière.**
ne veu	**é toi le**	**amadou**	**Laure sera jeudi à Pau.**
poi re	**po lai re**	**maniveau**	**Pauline a sa robe de moire.**

Paris. — Chez l'Auteur, 2, rue Tronchet

Imprimerie de Ad. Lainé et J. Havard, rue des Saints-Pères, 19.

MÉTHODE DE LECTURE AVEC OU SANS ÉPELLATION

(4e *Édition*) **Par A. GRESSE, ancien instituteur** (7me *Tableau*)

Voyelles nasales

(Voir l'*Instruction* en tête du *Manuel de l'Élève*)

an in on un

Sons équivalents

an am en em
in im yn ym ain aim ein
on om
un um eun

Exercice

an um on en in yn om em
un ein am ain ym im aim eun
on aim um an eun om in am
ein em un ym en yn un ain

Syllabes formées d'une consonne suivie d'une voyelle nasale

(Voir l'*Instruction* en tête du *Manuel de l'Élève*)

ban cun din fon gam hum jom lym
non pain rein jeun tein van sun ton
bain cam don faim hon sain tem gain
lym mon nain pin zan son ven tein
bon daim cam fin gon len main nain
rem san tom vam xin bain cum den
gain hum lin jam mem nim syn van
sem tain jeun rein bom fum dun pin
men vin zam jam pein fem tym syn
bain don faim main nom pin rein vain

Paris. — Chez l'Auteur, 2, rue Tronchet.
Imprimerie de Ad. Lainé et J. Havard, rue des Saints-Pères, 19.

MÉTHODE DE LECTURE AVEC OU SANS ÉPELLATION

(4e *Édition*) **Par A. GRESSE, ancien instituteur** (8me *Tableau*)

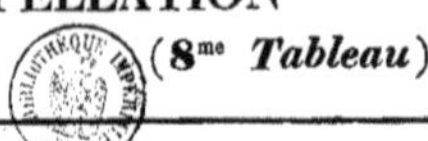

RÉSUMÉ DU 5e ET DU 7e TABLEAU

au œu ou ei oi ai eau eu ai eau oi ei ou œu au eu
an ym on in en yn om im un ein um am ain eun em aim

Mots à lire.			*Phrases à lire.*
an se	an dain	enfantin	J'ai un pantalon de laine.
bon té	bou din	invendu	Mon vin nouveau sera bon.
con te	can ton	colombe	Papa le goûtera demain.
din de	de main	manteau	Simon aura un manteau.
en té	gou jon	peinture	Napoléon fonda un empire.
fen te	hu main	suzerain	Antonin aime la peinture.
gan té	jam bon	confiture	Maman sera lundi à Lyon.
hon te	lam bin	pantalon	Romain a vendu le moulin.
mi lan	men ton	sainteté	Valentin aura le poulain.
li non	pou lain	fantôme	Je t'ai rendu ton coupon.
lun di	ro main	gambade	Olympe tomba en syncope.
la pin	tym pan	tempête	Paulin a pansé le poulain.
pen te	bon bon	bandeau	Siméon aura une timbale.
ron de	mou ton	timbale	Ma tante répéta le symbole.
san té	pin son	fontaine	Aubin a rompu mon bâton.
tan te	mou lin	amande	Simon boira à la fontaine.
ven te	hau tain	symbole	Antoine a un ruban de laine.
bon de	bou ton	fanfaron	Je monte la lampe du salon.
dan se	pan tin	teinture	Voilà le tombeau de Léon.
sa pin	ron din	syncope	J'ai entendu un gai pinson.
fein te	tam pon	tombeau	Romain a coupé le bouton.
gan se	cou pon	empire	J'ai un pantalon de nankin.
in du	din don	lambeau	Léon montera mon poulain.
pin te	fo rain	ouragan	J'ai remonté ta pendule.
ren te	ma man	peloton	J'ai entendu le son du canon.
ten te	nan kin	gondole	J'aurai demain un melon.
bâ ton	rom pu	pendule	Paulin sera lundi à Mâcon.

Paris. — Chez l'Auteur, 2, rue Tronchet. Imprimerie de Ad. Lainé et J. Havard, rue des Saints-Pères, 19.

MÉTHODE DE LECTURE AVEC OU SANS ÉPELLATION

(4e Édition) Par A. GRESSE, ancien instituteur (9me Tableau)

Consonnes composées

(Voir l'*Instruction* en tête du *Manuel de l'Élève*)

ch ph gn ill

qu gu

---

bb cc dd ff gg nn pp rr

ss tt th rh d'h j'h l'h n'h

Exercice

ch	gn	ph	ill	gu	qu	ph	ch
qu	ph	gn	qu	gn	ch	ill	gu
ill	gu	ill	ph	ch	gn	bb	ch
cc	ph	dd	ill	th	d'h	ll	j'h

Syllabes formées d'une consonne composée suivie d'une voyelle simple, composée ou nasale

(Voir l'*Instruction* en tête du *Manuel de l'Élève*)

chan	phy	quan	illou	qu'on	que	chai	phe
illon	gnou	guy	qui	chau	pha	gnai	illi
qu'i	chai	guim	que	gnè	bbé	illa	gui
quan	phé	illan	phon	choi	phy	chou	ddin
ccou	ffan	d'ha	j'ho	l'hu	rho	thé	llon
mmi	nne	ppen	thê	guin	illon	cham	ppou
gné	illan	the	che	sson	châ	phon	chou
llon	phan	chain	que	quin	ille	gnou	thieu
guin	rhin	j'hi	n'ha	thé	ssou	pho	gui
chou	quan	illou	guim	mme	phy	d'ha	choi

Paris. — Chez l'Auteur, 2, rue Tronchet. Imprimerie de Ad. Lainé et J. Havard, rue des Saints-Pères, 19.

MÉTHODE DE LECTURE AVEC OU SANS ÉPELLATION

(*4e Édition*) **Par A. GRESSE, ancien instituteur** (**10me** *Tableau*)

RÉSUMÉ DU 7e ET DU 9e TABLEAU

an in on un ym em yn om im ein um am ain eun en aim
ch cc ph ff gn gu ll ill qu bb dd pp ss rh th m'h

Mots à lire.			*Phrases à lire.*
an che	a gneau	amphore	Philippe chanta la chanson.
ba gue	bâ illon	baignoire	Séraphine acheta un peigne.
co que	ca illou	chaussure	J'ai dérouillé mon couteau.
di gne	dou ille	dérouillé	Napoléon gagna la bataille.
é chu	é vê que	futaille	Le château sera magnifique.
fi gue	feu ille	guipure	Voilà le château d'Agathe.
gui de	gui don	houillère	Dominique a lu le feuilleton.
ha che	hou ille	indigne	Le quinquina a guéri papa.
lo que	lan gue	mâchoire	Voilà du vin de Champagne.
ma ille	mou che	nautique	Pamphile a soigné Mathieu.
na tte	nym phe	paillasse	Agathe achète une guimpe.
po che	pei gne	rognure	Je t'achèterai un chapeau.
qui tte	quin ze	enseigne	J'habiterai la campagne.
ru che	rhu me	pirogue	Je commande le bataillon.
si gne	si phon	bataille	Voilà un beau médaillon.
to que	ta quin	châtaigne	Jean a vendu son agneau.
va che	tan che	méthode	Le Rhône a inondé la ville.
a bbé	pi gnon	tenaille	Jean aura un bon rhume.
bo tte	bou che	hachure	Mathieu a une futaille vide.
ca ché	chau ve	conquête	La vache soignera le veau.
pha re	re quin	montagne	Le phare guide le vaisseau.
ro gné	pho que	vaisseau	La houille chauffe le salon.
pa ille	guim pe	chausson	J'habiterai le Dauphiné.
cha tte	mi gnon	manchon	Mon thé de Chine sera bon.
thè me	sou ché	tonneau	Voilà une bonne châtaigne.
ba ssin	châ teau	bouillotte	La méthode guide Léon.
pê che	ha illon	chérubin	Fanchon me donna du thé.

Paris. — Chez l'Auteur, 2, rue Tronchet. Imprimerie de Ad. Lainé et J. Havard, rue des Saints-Pères, 19.

MÉTHODE DE LECTURE AVEC OU SANS ÉPELLATION

(4e *Édition*) **Par A. GRESSE, ancien instituteur** (11me *Tableau*)

Syllabes formées d'une voyelle suivie d'une consonne

(Voir l'*Instruction* en tête du *Manuel de l'Élève*)

ab	**ac**	**ad**	**af**	**ag**	**al**	**ap**	**ar**	**as**	**ax**
ob	**oc**	**od**	**of**	**og**	**ol**	**op**	**or**	**os**	**ox**
ib	**ic**	**id**	**if**	**ig**	**il**	**ip**	**ir**	**is**	**ix**
ub	**uc**	**ud**	**uf**	**ug**	**ul**	**up**	**ur**	**us**	**ux**
eb	**ec**	**ed**	**ef**	**eg**	**el**	**ep**	**er**	**es**	**ex**

---

aug	**aul**	**aur**	**aus**	**ouc**	**oug**	**oul**	**our**
ous	**eul**	**eur**	**œuf**	**œur**	**oil**	**oir**	**air**
euil	**ail**	**eil**	**œil**	**eph**	**anc**	**inc**	**onc**

Syllabes formées d'une voyelle précédée et suivie d'une consonne

(Voir l'*Instruction* en tête du *Manuel de l'Élève*)

bal	**cor**	**dur**	**fil**	**gar**	**her**	**jus**	**lac**
mol	**nul**	**par**	**roc**	**sac**	**tic**	**vol**	**bac**
col	**dar**	**fol**	**gur**	**hor**	**jar**	**luc**	**mur**
nec	**pur**	**rir**	**sec**	**toc**	**vif**	**ber**	**coq**
duc	**fal**	**gor**	**hal**	**lec**	**mil**	**nul**	**sic**
paul	**joug**	**bouc**	**peur**	**noir**	**toul**	**seul**	**cœur**
voir	**bœuf**	**soir**	**mail**	**tour**	**pour**	**choir**	**pair**
neuf	**jonc**	**luth**	**sanc**	**meil**	**mail**	**tinc**	**donc**
coph	**gnal**	**chef**	**sœur**	**tour**	**chair**	**poil**	**thyr**
noir	**theur**	**sour**	**char**	**gneul**	**saul**	**teur**	**nheur**

Paris. — Chez l'Auteur, 2, rue Tronchet. Imprimerie de Ad. Lainé et J. Havard, rue des Saints-Pères, 19.

MÉTHODE DE LECTURE AVEC OU SANS ÉPELLATION

(4e *Édition*) **Par A. GRESSE, ancien instituteur** (12me *Tableau*)

RÉSUMÉ DU 11e TABLEAU

ab oc id uf eg al op ir us ex ob ic ud ef ad

aul eur œuf eph anc oil our air ail eil œil onc

Mots à lire.			*Phrases à lire.*
ar me	ar deur	amiral	J'ai une lanterne sourde.
bor ne	bal con	bordure	Voilà un insecte sur l'herbe.
car te	car ton	dégarni	Le remède calme la douleur.
del ta	dor toir	énorme	Je lirai le journal le soir.
é mail	che val	faculté	Martin boira la liqueur.
for te	far deau	gardefou	Victor a vu le conducteur.
gar de	gour din	inactif	Sylvain écouta le sermon.
her be	au teur	insecte	Samuel portera le fardeau.
ar che	jour nal	lanterne	Voilà un tambour-major.
mor te	li queur	marmite	J'ai une lampe de vermeil.
na dir	mar tyr	nocturne	Martin a perdu son lorgnon.
or me	bon soir	ouverte	Paul déchira son mouchoir.
per te	vau tour	récolte	Firmin sera venu me voir.
sol de	rec teur	virgule	Adolphe a retourné la carte.
tex te	sa peur	tartine	Daniel a obtenu la palme.
ur ne	tour noi	cultivé	Mathilde a perdu sa bourse.
val se	con teur	vacarme	J'ai dormi sur le fauteuil.
a zur	lor gnon	alambic	Luc sera de retour mardi.
bar be	lec teur	énigme	Arthur a vu le colporteur.
cor de	pou voir	observé	Urbain a gardé mon cheval.
fa nal	tam bour	lecture	Voilà le cordon de Michel.
ca nif	char bon	correcte	Mon canif n'a qu'une lame.
bo cal	ver meil	captive	J'irai m'asseoir sur l'herbe.
tar te	ser mon	arsenal	J'ai fermé la porte du salon.
fer me	ri gueur	fauteuil	Paul a cultivé mon jardin.
ca nal	mi roir	superbe	Hector sera un bon lecteur.
mar di	bon jour	capitoul	Chacun portera son fardeau.

Paris. — Chez l'Auteur, 2, rue Tronchet. Imprimerie de Ad. Lainé et J. Havard, rue des Saints-Pères, 19.

MÉTHODE DE LECTURE AVEC OU SANS ÉPELLATION

(4e *Édition*) **Par A. GRESSE, ancien instituteur** (13me *Tableau*)

Consonnes doubles et triples

(Voir l'*Instruction* en tête du *Manuel de l'Élève*)

bl cl fl gl pl br cr dr fr
gr pr tr vr sb sc sl sm sp
st sv ps pn mn ccl ffl ppl bbr
ccr ffr ppr ttr phl phr thr scl scr
spl spr sgr str sth sph squ chl chr

Exercice

bl br cl cr fl fr gl gr dr
pl pr tr vr sb sc sl sm sn
st sv ccl ffl scl str ppl ccr sgr
ps pn ffr spl thr ppr chl ttr scr
chr phl sph sfr phr mn squ ps sth

Syllabes formées d'une consonne double ou triple suivie d'une voyelle quelconque.

(Voir l'*Instruction* en tête du *Manuel de l'Élève*)

bla clou flan glou grou brin croi drin
flan plé prê train vro sbi scan sta
smo stuc spar svel spho sque sbla sclé
sfla splin sbrè scru sfri sgra spro stré
phlé phry chlo chré thra blir bleau cly
psau crou plin frau froi brou trom sty
sphè flû stè prun dré chro mné phra
stin pneu spec prou glai frai bloc crac
glu psal trou clan brun chry clai frein
grain fron plan broc crin thra splen plom

Paris. — Chez l'Auteur, 2, rue Tronchet. Imprimerie de Ad. Lainé et J. Havard, rue des Saints-Pères, 19.

MÉTHODE DE LECTURE AVEC OU SANS ÉPELLATION

(4e *Édition*) **Par A. GRESSE, ancien instituteur** (**14me** ***Tableau***)

RÉSUMÉ DU 13e TABLEAU

bl	**cl**	**fl**	**gl**	**pl**	**br**	**cr**	**dr**	**fr**	**gr**	**pr**	**tr**	**vr**
sb	**sc**	**sl**	**sm**	**sn**	**sp**	**st**	**sv**	**ps**	**chl**	**chr**	**sph**	**squ**

Mots à lire.

ar bre	**am bre**	**agricole**
bri de	**bran che**	**brochure**
cri ble	**crain te**	**troupeau**
drô le	**droi te**	**chlorure**
en cre	**en train**	**patrouille**
flo tte	**fein dre**	**scorpion**
gloi re	**glou ton**	**grenouille**
hy dre	**grou pe**	**spectacle**
ai gle	**chi ffre**	**octobre**
tri ple	**tem ple**	**jongleur**
mè tre	**bru sque**	**novembre**
no ble	**plom bé**	**mercredi**
on cle	**phil tre**	**fleuriste**
plâ tre	**psau me**	**vendredi**
ru stre	**re frain**	**problème**
sa bre	**spa sme**	**épreuve**
trè fle	**trem pé**	**perdreau**
a vril	**fla mme**	**brouillon**
bro che	**ta bleau**	**plaintive**
clo che	**spec tre**	**chevreau**
dé clin	**pein dre**	**pratique**
en flé	**tran che**	**mitraille**
flû te	**gra ppe**	**chapitre**
glo be	**trou pe**	**gravure**
stè re	**sphè re**	**sphérique**
scri be	**mar bre**	**scandale**
sto re	**plan che**	**tribunal**

Phrases à lire.

Mon frère prendra son livre.
Claude traversa Grenoble.
Grégoire prêta sa plume.
J'ai vu votre bibliothèque.
Je prendrai de l'encre noire.
André me prêta son sabre.
Paul tremble d'être trompé.
Blanche écrira au tableau.
Frédéric a sonné la cloche.
Il apprendra l'orthographe.
Clotilde entonna un psaume.
André consulta son oncle.
Silvestre approuva le motif.
Franc a planté une branche.
Prête-moi ta plume neuve.
André a une table ronde.
Je prendrai Claire lundi.
Frédéric travaille avec moi.
La chèvre broutera l'herbe.
Voilà une corde de chanvre.
Ma chambre sera froide.
Mon flambeau t'éclairera.
La flamme a brûlé ton livre.
J'ai trouvé un clou rouillé.
Prosper a semé du trèfle.
Clara me donne sa brioche.
J'ai vu le drapeau tricolore.

Paris. — Chez l'Auteur, 2, rue Tronchet. Imprimerie de Ad. Lainé et J. Havard, rue des Saints-Pères, 19.

MÉTHODE DE LECTURE AVEC OU SANS ÉPELLATION

(4e *Édition*) **Par A. GRESSE, ancien instituteur** (15me *Tableau*)

Exceptions et difficultés diverses.

(Voir l'*Instruction* en tête du *Manuel de l'Élève*)

c = s *devant* **e, é, è, ê, i, y.**

face	noce	cygne	cendre
race	cène	cime	citron
cela	cité	scène	cyclope
ceci	cire	pièce	civilité

g = j *devant* **e, é, è, ê, i, y.**

page	ange	gypse	gendre
rage	giron	fange	girafe
gêne	songe	rouge	origine
gage	vengé	genou	gencive

s = z *entre deux voyelles.*

aise	pose	cause	voisin
base	rusé	chose	maison
dose	thèse	fraise	cousin
mise	vase	toison	rasade

e = è *devant deux consonnes semblables.*

belle	nette	tresse	adresse
cette	pelle	nielle	bretelle
dette	serre	presse	caresse
messe	telle	nacelle	chapelle

en = in *dans des mots tels que les suivants:*

mien	lien	chien	amen
tien	rien	Julien	hymen
sien	Agen	Lucien	aérien
bien	Eden	Indien	chrétien

er *et* **ez = é** *à la fin des mots.*

aimer	aimez	verger	revenez
berger	servez	poirier	cerisier
cerner	prenez	manger	chanter
danser	restez	songer	étudiez

est *comme* **è; et** *comme* **é.**

Dieu est juste et bon. Priez-le soir et matin. Le ciel est pur et serein. Aide-toi et Dieu t'aidera. Le travail est un trésor et un ami. La faim est un bon cuisinier. Une promesse est une dette.

es = è *dans les mots d'une syllabe.*

Les lettres en italiques ne se prononcent pas.

mes lime*s*	ces race*s*	mes larme*s*
tes latte*s*	les dalle*s*	tes rente*s*
ses rose*s*	des corde*s*	ses chaise*s*
des ride*s*	les perle*s*	des ronde*s*

et = è *à la fin des mots.*

baquet	livret	secret	hoquet
coquet	piquet	toupet	inquiet
déchet	minet	violet	onglet
loquet	sifflet	trajet	projet

ent = e *à la fin des verbes.*

il*s* lavent	il*s* rêvent	il*s* posent
elle*s* lisent	elle*s* fixent	elle*s* lurent
il*s* dînent	il*s* sèment	il*s* parlent
elle*s* savent	elle*s* disent	elle*s* passent

e *est nul après le* **g** *devant* **a, o.**

il songea	engeance	il corrigea
un pigeon	bourgeois	je rangeai
je logeai	rougeole	nageoire
plongeon	bourgeon	mangeoire

y = ii *après une voyelle. Le premier de ces* **i** *appartient à la syllabe qui précède et l'autre à la syllabe qui suit.*

boyau	aloyau	citoyen	royaume
doyen	crayon	paysage	mitoyenne
tuyau	moyen	loyauté	croyance
rayon	paysan	joyeuse	déloyauté

ch = c; x = gz; e *suivi de* **x = é**

dans certains mots tels que les suivants :

chaos	choriste	exemple	archange
chœur	exergue	orchestre	Charybde
exorde	choléra	exercice	exigence

t = s *devant une diphtongue commençant par* **i.**

action	faction	caution	partial
nation	section	portion	partiel
potion	fiction	friction	captieu*x*
ration	motion	fraction	factieu*x*

ç = s; oï = o, i; aï = a, i; aü = a, u.

Moïse	Esaü	façade	soupçon
façon	je reçus	Caraïbe	haïssable
Zoïle	rançon	je haïrai	j'avançai
leçon	Héloïse	il menaça	mosaïque

Principales abréviations.

M. Monsieur	**S. M. Sa Majesté**
Mme Madame	**S. A. Son Altesse**
Mlle Mademoiselle	**S. E. Son Excellence**
MM. Messieurs	**S. S. Sa Sainteté**

Les autres exceptions s'apprendront par l'usage.

Paris. — Chez l'Auteur, 2, rue Tronchet. Imprimerie de Ad. Lainé et J. Havard, rue des Saints-Pères, 19.

MÉTHODE DE LECTURE AVEC OU SANS ÉPELLATION

(4e *Édition*) **Par A. GRESSE, ancien instituteur** (**16me** *Tableau*)

LECTURE COURANTE

Proverbes, Sentences et Maximes.

Aimez Dieu de tout votre cœur.
Honorez votre père et votre mère.
La piété est le tout de l'homme.
Un bienfait n'est jamais perdu.
Qui donne vite donne deux fois.
Fais le bien et tu en seras loué.
Dieu est dans tous les lieux.
Tout ce que nous avons vient de lui.
Ce que Dieu garde est bien gardé.
L'enfant sage est la joie de sa mère.
Respectons les cheveux blancs.
Rien n'est beau que le vrai.
Le vrai seul est aimable.
L'insensé méprise l'instruction.
Il faut bien faire et laisser dire.
Le bien mal acquis ne profite pas.
Il n'y a pas de roses sans épines.
Un métier vaut un fonds de terre.
Petit à petit l'oiseau fait son nid.
Qui se ressemble s'assemble.
La bonne réputation vaut de l'or.
Entends d'abord et parle après.
Celui-là est riche qui est content.
Il n'y a pas de plaisir sans peine.
L'habitude est une seconde nature.
Un peu, répété souvent, fait beaucoup.
La goutte d'eau creuse le rocher.
Dieu n'abandonne pas les siens.
Sème si tu veux moissonner.
L'habit ne fait pas le moine.
Le paresseux dit : Je ne puis pas.
Soyez indulgent envers les autres.
A quelque chose malheur est bon.
Qui paie ses dettes s'enrichit.
Tout ce qui reluit n'est pas or.
A l'impossible nul n'est tenu.
Le bel oiseau se fait lui-même.
Il vaut mieux tard que jamais.
Qui donne mal ne donne rien.
A l'œuvre on connaît l'artisan.
Le paresseux est toujours pauvre.
La rouille use plus que le travail.
Il n'y a que les sots qui se vantent.
Qui est borgne plaint les aveugles.
Pour un plaisir, mille douleurs.
Cherche le bien, attends le mal.
Un malheur ne vient jamais seul.
Premier à table, dernier au travail.
Le menteur n'est jamais écouté.
La main paresseuse appauvrit.
La main des diligents enrichit.
Ne te vante point du lendemain.
Le cœur joyeux embellit le visage.
Une réponse douce apaise la fureur.
Le soleil luit pour tout le monde.
Il faut que tout le monde vive.
C'est l'intention qui fait l'action.
Chacun est artisan de sa fortune.
Chaque oiseau trouve son nid beau.
Les malheurs se détournent de loin.
Paris ne s'est pas fait dans un jour.
Qui va doucement va sainement.
Qui va sainement va longtemps.
Chacun porte sa croix en ce monde.
Deux sûretés valent mieux qu'une.
Après la pluie vient le beau temps.
L'homme s'agite et Dieu le mène.
Les bons comptes font les bons amis.
Mauvais serviteur, mauvais maître.
Celui-là est riche qui ne doit rien.
Il vaut mieux se taire que mal parler.
N'accusons jamais la Providence.
En forgeant on devient forgeron.
Ne jugeons pas sur l'apparence.
Contentement passe richesse.
Homme sans éducation, corps sans âme.
Pardonne tout à tous et rien à toi.
De deux maux il faut éviter le pire.
Qui cherche le danger y périra.
L'homme propose et Dieu dispose.
Le temps perdu ne se retrouve pas.
Aime les autres comme toi-même.
N'abandonne pas le malheureux.
Nul ne peut servir deux maîtres.
Persévérance mérite récompense.
L'oisiveté est la mère de tous les vices.
L'ignorant croit tout savoir.
Ne rends pas le mal pour le mal.
Ne quitte pas le certain pour l'incertain.
Crains Dieu et détourne-toi du mal.
L'Éternel est pour ceux qui l'aiment.
Mon fils, garde ses commandements.

Paris.— Chez l'Auteur, 2, rue Tronchet. Imprimerie de Ad. Lainé et J. Havard, rue des Saints-Pères, 19.

1er TABLEAU.

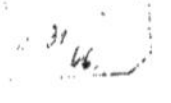

NOUVELLE MÉTHODE DE LECTURE SIMPLIFIÉE

Par A. TOURAULT, Directeur du Pensionnat de l'*Immaculée-Conception*, à Nantes.

ARTICULATIONS SIMPLES.

Capitales et Minuscules.

C(1) K Q P D B F G(2) H J

prononcez c ke q pe de be fe gue he je

prononcez me ne le re se te ve xe ze

M N L R S T V X Z

Articulations composées seulement dans la forme.

Ch gn ill ph

PêCHE viGNE feuILLE JosePH

Sons ou Voyelles simples.

A E I Y O(3) U

prononcez année eu ici yole ogre une

Accents.

´ ^ `

aigu circonflexe grave

Voyelles accentuées.

âne été île ève ôté être

(1) C cédillé ou suivi de *e, i, y* se prononce *se*, maçon, façade, ceci, blanc comme un cygne.

(2) G suivi de *e, i, y* se prononce *je*, *gaGe, Girafe, Gymnase, Gymnastique.*

(3) O, sans accent, se prononce comme dans le mot *robe*.

Nantes, imp. V. DE COURMACEUL, rue Santeuil, 8.

NOUVELLE MÉTHODE DE LECTURE SIMPLIFIÉE

Par A. TOURAULT, Directeur du Pensionnat de l'*Immaculée-Conception*, à Nantes.

Sons composés et inséparables.

Faire lire ces sons composés d'abord de gauche à droite, puis de droite à gauche, en intervertissant l'ordre pour éviter que les élèves n'apprennent par cœur.

ab ac el oc ad of ul ic us ob if il ur or ef at op is ex uf ir es eb er.

Absurdité, objecter, atmosphère, octave. Auguste est actif. Ce calcul est facile. Apporte le purgatif. La cocarde du caporal. Admire ces bocaux et ce magnifique bol de porcelaine de Chine. La culture de la vigne. Le golfe de Gascogne. Tu aspirais à devenir riche. Le major a perdu sa superbe épée. La jolie pharmacie de papa. Chaque élève a ses qualités et ses défauts. Il taillera cet arbuste. J'ai vu le bel archevêché de Bordeaux. Ève pécha et se cacha. Remy a imité le parafe de la reine d'Espagne. La captivité de Babylone. Le règne de David. Anatole est à l'autel de Marie. Dominique a reçu de beaux cadeaux.

bl br cl chl(1) cr chr(1) dr fl fr gl gr pr pht sc st cs scr sp spl tr str

fable sabre cercle clôture chlore cric crac chrétien prêtre scapulaire globe fleuve scie scolaire scribe sceptre sciage statue scrutin stratagème. Ce cheval s'est scabré.

(1) *ch*. suivi d'une consonne, se prononce *que : chlorose, chrome*, et dans les mots qui dérivent du latin et de l'hébreu, exemple : *Brachium, chorus, cham, chaldée*, etc.

Nantes, imp. V. DE COURMACEUL, rue Santeuil, 8.

NOUVELLE MÉTHODE DE LECTURE SIMPLIFIÉE

Par A. TOURAULT, Directeur du Pensionnat de l'*Immaculée-Conception*, à Nantes.

Voyelles composées.

en am em | **ou ous** | **ain im ein** | **eur œur**

an | **Vous** | **in** | **Sœur**

on om un oi oir io ia ié iè ui iu

ian ien(1) **ieu oui uin ieur our**

splendeur enclume ancre flambeau temple pain bain daim faim peintre simple roi son sou vous Autun parfum leur peur leurs pour lourd sourd foin loin la diète viande une patience. Adore le bon Dieu, reconnais sa puissance. Il fait noir à minuit. Mes enfants, soyez(2) ***pieux*****, la piété convient à tous les âges et à tous les sexes. Le sable brûlant de l'Afrique. La sœur de charité. Le silence du cloître. La douce harmonie des esprits bienheureux. Le flambeau des nuits éclaire la montagne. Nous sommes les enfants des Saints. Si l'on vous demande: Etes-vous chrétien? répondez : Oui. Si l'on vous ridiculise quand vous ferez bien, moquez-vous des rieurs. J'ai soin de faire ma prière le matin et le soir. Ne fais pas à ton frère ce que tu ne voudrais pas qu'il te fît. Gaëte**(3) **est une ville de l'Italie.**

(1) *en*, précédé de *i*, *y*, se prononce *in* : le *mien*, le *tien*, le *doyen*, etc., excepté *patience* et quelques autres mots.

(2) *y*, dans le corps des mots, se prononce comme deux *i* : *soyez*, *pays*, etc. Voilà pourquoi on appelle souvent cette voyelle *i double*.

(3) Toute voyelle surmontée d'un tréma se prononce seule : *haï*, *naïveté*; ou forme syllabe avec la lettre ou les lettres qui suivent : *Noël*, *Raphaël*, *Saül*, etc.

Nantes, imp. V. DE COURMACEUL, rue Santeuil, 8.

NOUVELLE MÉTHODE DE LECTURE SIMPLIFIÉE

Par A. TOURAULT, Directeur du Pensionnat de l'*Immaculée-Conception*, à Nantes.

Sons surcomposés.

anc erf arc isc ist onc urc ours aps.

EXERCICE ET RÉCAPITULATION.

Adore Dieu, honore tes parents : ils tiennent(1) ici-bas sa place. Sois reconnaissant envers tous ceux qui te font du bien. Nous devons avoir beaucoup de vénération pour les prêtres et toutes les personnes consacrées à Dieu par les vœux de religion. Le temps, qui affaiblit tout, fortifie nos mauvaises(2) habitudes. Oublie le bien que tu as fait, pense à celui que tu aurais dû faire et à celui que tu dois faire encore. Grave, sur l'acier, les services que tu reçois, et, sur la poussière, ceux que tu rends à ton prochain. Remercie le Créateur(3) de t'avoir fait naître d'une famille chrétienne et vertueuse. L'Evangile ordonne de sanctifier le jour du Seigneur. Le renard trompa le corbeau et mangea son fromage. Le cerf altéré court après les ruisseaux limpides. L'arc a décoché et la flèche a frappé le point de mire. Sur le mulet du fisc, une troupe se jette. Du Christ, avec ardeur, Jeanne baisait l'image. Clovis reçut l'onction royale des mains de Saint Remi, évêque de Reims. L'ours blanc de la ménagerie. Un Turc est un habitant de la Turquie. Je m'abstiendrai de ce qui peut nuire à la santé du corps, ainsi qu'à celle de l'âme. Nous sommes tous les enfants bien-aimés du Pape, du Pontife-Roi : aimons ce Père vénérable et vénéré, ouvrons-lui nos cœurs et nos bourses.

(1) Faire remarquer aux élèves, qu'une double consonne se prononce comme une seule et appartient à la voyelle qui suit : *tiennent, comme, personne,* faites prononcer *tièNNE, coMME, persoNNE,* etc.

(2) En général, le *S,* entre deux voyelles, se prononce *Z : rose, ruse, maison,* etc. L'usage fera connaître les exceptions.

(3) A la fin des mots, il n'y a que les articulations *l, r, f, c, m, n,* qui se prononcent : *bol, mur, canif,* etc.

Nantes, imp. V. DE COURMACEUL, rue Santeuil, 8.

NOUVELLE MÉTHODE DE LECTURE SIMPLIFIÉE

Par A. TOURAULT, Directeur du Pensionnat de l'*Immaculée-Conception*, à Nantes.

Conseils aux Enfants.

En vous éveillant le matin, mes petits amis, faites le signe de la croix, saluez votre Ange-Gardien et donnez votre cœur à Dieu. Pensez en sa bonté pour vous : c'est lui qui vous a créés, qui vous a donné un bon Père, une excellente Mère. Il les a conservés pendant la nuit, comme il vous a conservés vous-mêmes, témoignez-lui votre reconnaissance. Habillez-vous promptement et modestement. Mettez-vous à genoux devant une image de Notre-Seigneur ou de la Sainte Vierge pour y faire votre prière. Si, dans votre famille, on a la bonne habitude de la faire en commun, ne manquez pas de vous y trouver. Puis allez respectueusement embrasser vos bons parents. Demandez-leur comment ils ont passé la nuit, s'ils ont bien dormi, etc. Prenez ensuite la résolution(1) d'éviter, pendant la journée, tout ce qui pourrait déplaire à Dieu, vous causer du remords et contrister le cœur si tendre de votre bonne mère. Ces premiers devoirs étant remplis, mes enfants, disposez-vous à une obéissance parfaite. D'abord, en prenant la nourriture qui vous sera présentée, sans dire : Je ne veux pas ceci, j'aime mieux cela. Si l'on vous commande quelque chose, acquittez-vous-en ponctuellement et avec joie. Soyez d'une extrême politesse envers tout le monde, et sachez que la politesse est à l'esprit ce que la grâce est au visage. Si on vous le commande, rendez-vous à l'école. Là, comme partout, soyez sages et obéissants. Ne regardez pas votre Maître comme un mercenaire, mais bien comme le représentant de votre Père, comme le mentor que le Ciel vous a donné pour diriger votre enfance, vous faire acquérir l'instruction dont vous aurez plus tard besoin, former votre éducation(1) et vous initier(1) à la connaissance et à l'amour de Dieu et du prochain.

Voilà, mes jeunes amis, que vous connaissez les principes et les difficultés de la lecture élémentaire; il est temps de vous initier à la lecture du latin, et à la lecture courante.

Pour cela, je vous compose un second livre qui, je crois, vous instruira et vous amusera tout à la fois.

(1) Le *t* se prononce souvent *s* devant *ial, iel, ien, ieux, ion :* impartial, confidentiel, patience, minutieux, collation.

Nantes, imp. V. DE COURMACEUL, rue Santeuil, 8.

www.ingramcontent.com/pod-product-compliance
Ingram Content Group UK Ltd.
Pitfield, Milton Keynes, MK11 3LW, UK
UKHW020443180726
13839UKWH00004B/1597